**＊감수인**

이 책은 인류가 발달하는 과정과 세계의 운동 전체를 거시적이고 넓은 시각에서 체계적으로 보여주고 있다. 서로 다르고 복잡해 보이는 사건들이 하나의 맥락을 갖고 연결되어 있다는 사실과 의미를 이야기 형식으로 서술하여 쉽게 파악할 수 있다. 학습효과를 위하여 단계적으로 이해해가는 형식을 취했고, 단원마다 요점들을 정리하여 서술하였다. 또한, 사실을 확신시키고 흥미를 높이기 위해 다양한 자료들, 현장 사진들, 삽화, 그리고 극화까지 활용하였다. 세계문화의 백과사전 같은 가치를 지녀서 성인들이 학습하기에도 손색이 없다.

청소년들이 머지않아 현재로서 맞이할 미래를 위해 이 책이 의미 있는 길잡이가 되길 바란다.

윤명철 ( 동국대학교 교수. 역사학자)

**＊일러두기**

• 맞춤법과 띄어쓰기는 국립국어원에서 펴낸 〈표준국어대사전〉을 기준으로 삼았습니다. 다만, 역사 용어의 표기와 띄어쓰기는 교육과학기술부에서 펴낸 〈교과서 편수 자료〉와 중학교 국사 교과서를 따랐습니다.
• 외국 인명과 지명은 〈외국어 표기 용례집〉을 따랐습니다.
• 〈세계사 이야기〉의 내용이나 체재는 2011년에 새로 나온 초등학교 교과서를 기본으로 하여 편집하였습니다. 맞춤법이나 표기도 최종적으로는 초등학교 교과서에 맞추었습니다.

오스트리아 빈의 쇤브룬 궁전 내부

우리 땅 넓은 땅
**세계사 이야기** 22

# 세계를 휩쓴 혁명의 태풍

**펴 낸 이** : 이재홍
**펴 낸 곳** : 도서출판 세종
**등록번호** : 제18-79호
**대표전화** : 02)851-6149. 866-2003
**F A X** : 02)856-1400
**주 소** : 경기도 광명시 가학동 786-4호
**공 급 처** : 한국가우스 | 등록번호 제18-147호
**고객상담전화** : 080-320-2003
**웹사이트** : WWW.koreagauss.com

※잘못 만들어진 책은 교환해 드립니다.

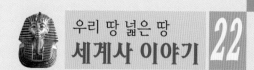

우리 땅 넓은 땅
**세계사 이야기** 22

# 세계를 휩쓴 혁명의 태풍

글 **한국역사교육연구회** ■ 추천 **파랑새 열린학교 · 한국역사사관학교**
감수 **윤명철** (동국대학교 교수 · 역사학자)

**한국가우스**

## 역사를 올바로 보는 눈

세계의 역사는 우리 인류가 걸어온 발자취입니다.

어제 일어난 여러 사실들은 역사가의 평가와 시각에 의하여 역사적 사실로 재발견되고, 그 의미가 새롭게 밝혀져 역사로 기록됩니다.

이것을 통하여 오늘의 우리는 어제의 역사와 만나게 되고 우리가 살지 않았던 어제를 생생하게 체험하며, 그 올바른 의미를 물려받게 됩니다.

역사는 오늘의 삶을 비추어 주는 거울이며 내일을 바라볼 수 있는 창이기도 합니다.

때문에, 역사 서술은 치우침이 없고 엄격해야 합니다.

우리는 그러한 역사를 공부함으로써 우리 자신과 오늘의 현실을 객관적으로 바라보고, 또 비판할 수 있는 힘을 기르게 됩니다. 역사를 배우는 중요한 목표는 자신을 스스로 깨닫게 하는 데에 있다고 합니다.

한편, 역사는 단순한 어제가 아니라 살아 있는 어제여야 한다고 말합니다. 이것은, 역사가 단순히 어제의 사실을 알려 주는 것만이 아니고 오늘의 우리에게 교훈이 되고, 오늘의 문제를 해결할 수 있는 슬기가 되어야 한다는 뜻을 담고 있습니다.

이는 곧 우리가 왜 역사를 배워야 하는지를 말하는 것이기도 합니다. 한국인으로서의 정체성과 함께 다른 문화와 국가에 대한 이해가 있어야만 이 지구촌의 시대를 살아갈 수 있기 때문에 특히 세계사는 중요합니다.

한국인으로서 정체성은 한국사뿐만 아니라 세계사를 함께 배울 때 온전히 형성될 수 있습니다.

우리 어린이는 이러한 역사 인식으로 세계사를 사랑할 뿐 아니라, 인류의 번영, 그리고 새로운 세계의 건설에 이바지하는 '올바른 역사관'을 가진 세계인이 되도록 힘써야 할 것입니다.

한국역사교육연구회

베르사유 궁전 정원

# 우리 땅 넓은 땅

세계사 이야기

## 22

# 차 례

# 1 소용돌이치는 프랑스

**혁명** 전 프랑스 사회는 구제도(앙시 앵 레짐)라는 봉건적 신분 제도가 그대로 유지되고 있었습니다. 그 당시 프랑스 사회의 신분은 국왕 아래 제1신분인 성직자와 제2신분인 귀족이 특권 신분으로서 지배층을 형성하고 있었습니다.

제3신분인 평민은 대다수 국민인 농민과 상공 시민으로, 무거운 세금을 부담하고 있었지만, 정치적 발언권이 없었으므로, 불이익을 당하고 있었습니다.

이와 같은 상황에서 상공업자와 농민 간에 사회를 개혁하려는 기운이 싹트게 되었습니다. 따라서, 파산 상태에 이른 국가의 재정 문제가 계기가 되어, 계몽사상의 영향을 받은 시민 계급 사이에서 혁명의 열기가 불타올랐습니다.

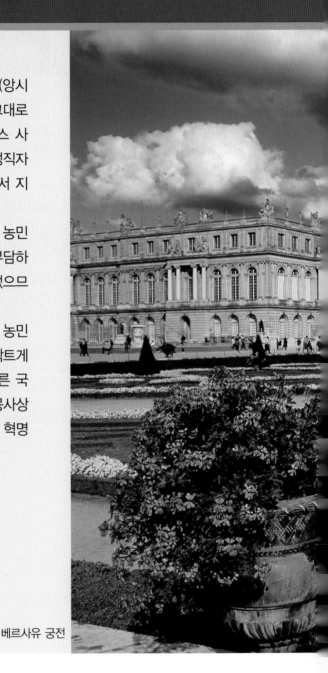

베르사유 궁전

# 신분 간의 대립 격화

"**아가야**, 아가야……. 우리 아기 어디로 갔니?"

한 어머니가 여기저기 길거리를 헤매며 어린 아들을 애타게 찾고 있었습니다. 배고픔에 지친 아이는 큰길에 쓰러져 있었습니다. 바로 그때, 화려하게 꾸민 마차 한 대가 저쪽에서 달려오고 있었습니다.

중세기 유럽의 마차

"아악!"

어머니가 놀라 소리쳤을 때는 이미 마차가 아기를 치고 급히 멈춘 뒤였습니다.

"왜 그래? 왜 마차를 세워?"

프랑스 파리의 콩코르드 광장

제1신분인 성직자

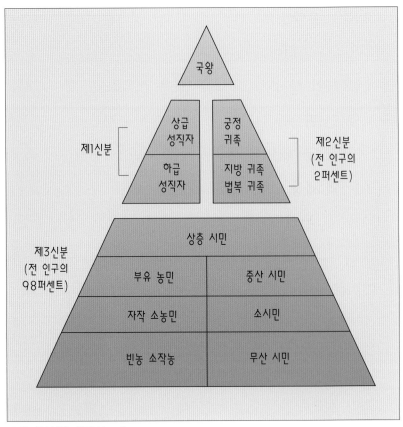

구제도(앙시앵 레짐)의 모순

국왕

제1신분

제2신분
(전 인구의
2퍼센트)

상급
성직자

궁정
귀족

하급
성직자

지방 귀족
법복 귀족

제3신분
(전 인구의
98퍼센트)

상층 시민

부유 농민

중산 시민

자작 소농민

소시민

빈농 소작농

무산 시민

　마차 안에 있던 귀족이 마부에게 호통쳤습니다.

　"마차에 아이가 치어 죽었습니다요!"

　"거지 아이로군. 바퀴는 고장 나지 않았는가?"

　힐끔 밖을 내다본 귀족은 죽은 아기를 부둥켜안고 울부짖는 어머니에게 동전 몇 닢을 던져 주었습니다. 그러자 아이 어머니는 동전을 주워 도망치는 마차를 향해 던졌습니다.

　"못된 귀족 놈아, 지옥에나 떨어져라!"

　이런 일이 예사로 벌어지는 프랑스였습니다.

그 당시 프랑스 사회는 제1신분인 성직자와 제2신분인 귀족, 그리고 제3신분인 평민으로 구성되어 있었습니다.

제1신분인 성직자들은 많은 땅을 소유하고 모든 유리한 혜택을 받고 있었으며, 제2신분인 귀족들은 교회나 군대, 행정 분야의 높은 지위를 차지하고 있었습니다.

마지막으로 제3신분인 평민들은 시민, 노동자, 농민들이었습니다.

"이놈의 세상, 발칵 뒤집혀야 해!"

"아이고, 누가 아니래? 제 뱃속만 차리는 인간들, 이젠 쳐다보기만 해도 진절머리가 난다니까."

평민들은 이런 말을 마구 주고받았습니다.

〈불공평한 신분 제도〉

제1신분(성직자)

제2신분(귀족)

제3신분
(노동자, 농민)

프랑스의 화가 장 프랑수아 밀레가 1857년에 그린 '이삭줍기'

평민들은 자연히 세금도 내지 않으면서 호화롭고 다양한 권세를 누리는 귀족을 미워하고 비판하였으며, 신분의 차별 없이 개인의 능력에 따라 인간을 평가해 달라고 요구하였습니다.

물론, 성직자들 가운데서도 사회 제도를 새롭게 개선하자고 주장하는 사람들이 없었던 것은 아니었습니다. 그래서 같은 성직자들 사이에 서로 갈등이 생기기도 했습니다.

당시, 일반 시민을 비롯한 평민층은 서로의 경제적인 힘을 점차 확대하여 가면서 그에 알맞은 정치권력을 요구하였으나, 구제도의 사회에서는 이들의 주장이 이루어질 리가 없었습니다.

인구 2천 만이 넘는 프랑스에서 왕 밑의 성직자와 귀족은 특권층으로 불리었는데 이들은 전체 인구의 2퍼센트밖에 안 되었으며, 노동자와 농민들인 평민이 98퍼센트를 차지하였습니다.

휴식하고 있는 프랑스 농민들

하루 농사를 끝내고
돈을 받고 있는 농민들

땀 흘려 열심히 땅을
일구어도 흉년이 들기라도
하면 돌아오는 건
배고픔뿐이니….

열심히 일하는 농민들

# 혁명의 불씨를 당기는 사회 제도의 모순

**1788년부터** 1789년에 걸친 흉작은 농민들의 생활을 더욱 비참하게 만들었고, 농민들은 굶주림에 시달려야 했습니다.

이들이 겪은 가난과 굶주림은 혁명을 더욱 거친 방법으로 일으키게 된 이유가 되기도 하였습니다.

또한, 1780년대 이후 국가의 재정도 계속 흔들리기 시작하여 이것 역시 프랑스 혁명을 일으키는 또 하나의 중요한 원인이 되었습니다.

도박하고 있는 귀족들

절대 왕권을 휘두르던 루이 14세가 죽고, 겨우 나이가 5세인 루이 15세가 왕위를 이었을 때부터, 전에는 숨도 제대로 쉬지 못한 귀족들이 세도를 부리기 시작한 것이었습니다.

그들은 왕을 허수아비로 만들고 제멋대로 법을 뜯어고쳐서 세금을 평민에게 떠넘기며 사치를 부렸습니다.

귀족들의 호화로운 생활

### 계몽사상

사람들이 과학적인 사상을 중시하고 이성을 존중하게 됨에 따라 봉건적 절대주의에 대한 예리한 비판이 가해지게 되었다. 비판 사상은 특히 18세기 프랑스에서 활발하였다.

볼테르는 귀족과 가톨릭 교회의 횡포를 비판하였으며, 많은 책을 저술하였다.

몽테스키외는 〈법의 정신〉이라는 책을 써서 영국의 의회 정치를 찬양하였으며, 삼권 분립주의를 주창하였다. 루소는 인류의 원시 시대를 이상적이라고 생각하여 자연으로 돌아가라고 주장하였고, 〈사회계약론〉을 통하여 인간의 자유와 평등을 부르짖었다. 이러한 사상을 계몽사상이라고 하며, 이것은 오래된 인습에 얽매이지 않고 이성적으로 생각하는 사상이다.

계몽사상가인 볼테르

18세기 중엽에는 계몽사상에 의해 쓰인 〈백과전서〉가 프랑스에서 간행되어, 새로운 사상을 확산시키는 데 큰 도움을 주었다. 이러한 활동을 한 대표적인 인물로는 디드로와 달랑베르가 있으며, 이들을 백과 전서파라고도 한다.

계몽사상으로 신앙의 자유가 발달하고 인도주의가 존중되게 되었다. 비인도적인 법률이 점차 폐지되고, 미신도 사라지게 되었다. 무엇보다도 계몽사상이 끼친 가장 큰 영향은 프랑스 혁명의 원동력이 되었다는 점이다.

특히, 계몽사상의 영향을 받고 미국 독립혁명에 참가하여 혁명의 성공을 직접 체험한 프랑스의 지원병들이 신대륙의 소식을 가지고 프랑스로 돌아오자, 지금까지의 사회 모순이 더욱 뚜렷하게 드러나면서 혁명의 불이 지펴졌습니다.

# 2 삼부회에 대항하는 국민 의회

재정 개혁이 귀족들의 저항으로 실패하자, 루이 16세는 최후의 방법으로 1614년 이래 소집되지 않았던 삼부회를 소집하여 해결책을 찾으려고 하였습니다.

삼부회가 1789년 5월 5일에 베르사유 궁전에서 소집되었는데, 표결 방법이 문제가 되었습니다. 성직자와 귀족은 지금까지 하던 대로 각 신분에 한 표씩 표결할 것을 주장하였고, 제3신분은 사람 수에 따라서 다수결로 정할 것을 주장하였습니다.

의견이 엇갈리자 제3신분인 평민층은 삼부회에서 탈퇴하였고, 자신들은 전 국민의 98퍼센트를 대표하고 있기 때문에, 자신들이야말로 진정한 국민의 대표라고 주장하며 국민 의회를 구성하였습니다.

베르사유 궁전 거울의 방

## 삼부회의 소집

이 무렵 프랑스는 빚더미에 올라앉아 이자만 갚아 나가기도 힘이 들었습니다.

'큰일이군. 이대로 가다가는 나라가 망하겠어!'

새로 왕이 된 루이 16세는 나라 재정에 대한 개혁안을 마련하기로 하였습니다.

파탄에 빠진 나라의 재정을 살리기 위해 귀족과 성직자들에게도 세금을 징수하겠노라.

그것은 나라 살림을 튼튼히 하기 위하여 지금까지 세금이 면제되는 특권을 누려 온 성직자와 귀족에게 세금을 물리도록 하자는 내용이었습니다.

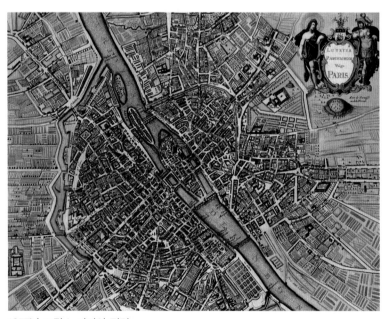

1657년 프랑스 파리의 전경

"뭐? 우리에게 세금을 물리겠다고?"

귀족들은 힘을 합쳐서 루이 16세의 개혁안에 반대했습니다. 그러자 국왕은 새로운 세금 제도를 마련하기 위해 '삼부회'를 소집하기로 하였습니다.

프랑스 부르봉 왕가의 왕 루이 16세의 전신상

프랑스 부르봉 왕가의 왕 루이 13세의 초상화

귀족 여인들의 한가한 시간

　지금까지는 나라의 정치적인 문제를 다루는 회의에 성직자와 귀족만이 참석해 왔습니다. 여기에 제3신분인 평민도 회의에 참석시키자는 것입니다.

　평민들은 오래전부터, "국민이 대표로 나가지 않고 결정하는 세금은 낼 필요 없다!"라고 삼부회 소집을 적극적으로 요구해 왔습니다.

　삼부회는 옛날에 시행하다가 루이 13세가 없앤 뒤 2백 년이 가깝도록 한 번 도 소집되지 않았습니다.

　"앞으로는 어느 계급 누구라도 세금을 내 게 하여 나라 재정 을 되살리겠노라!"

국민의 대표로서 우리의 책임이 막중하오. 평등한 권리를 위해 서로 힘을 하나로 모읍시다.

프랑스 왕 루이 16세의 왕비 마리 앙투아네트

네케르

장식품에 조각된 루이 16세

루이 16세는 강경하게 삼부회 소집을 선포했습니다.

당시 재정 분야에 대한 전문가였던 네케르*는 다음과 같이 발표하였습니다.

"폐하께서 제3신분의 정원을 두 배로 늘리라고 명하셨소."

즉, 삼부회를 소집할 때 제3신분인 평민과 시민의 회의 참석 인원을 1, 2신분의 두 배로 늘릴 것을 허락하였다는 것입니다.

국민은 국왕이 일반 국민의 의견을 그만큼 존중하여 숫자를 늘린 것이라고 생각하고 국왕께 감사했습니다.

# 제3신분만으로 결성된 국민 의회

삼부회는 제1신분인 성직자 3백여 명, 제2신분인 귀족 3백여 명, 제3신분인 평민 6백여 명의 대표자로 구성되었습니다.

그리하여 1789년 5월 5일, 마침내 역사적인 삼부회의 막이 올랐습니다. 이로써 시민의 국정 참여, 즉 시민 대표도 성직자나 귀족들과 함께 나랏일을 결정하게 된 것입니다.

수많은 사람이 모인 거리에서 검은색 옷을 입은 시민 대표 6백여 명이 어두운 시대를 밝히는 촛불을 들고 회의장인 생 루이 교회로 향하였습니다.

18세기 화약 주머니

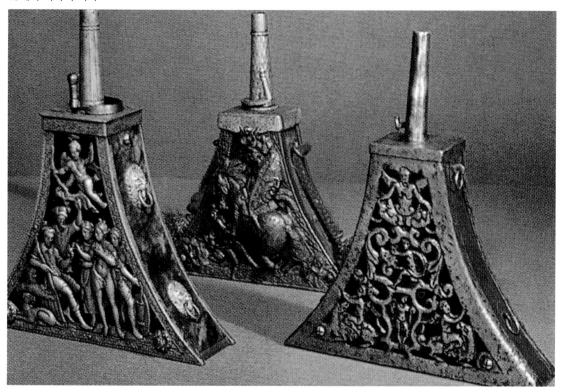

시민 대표들이 검은색 옷을 지정받은 것과는 달리, 제1신분과 제2신분인 성직자와 귀족들은 눈부시게 화려한 의상을 입고 회의장으로 들어섰습니다.

　"오늘은 매우 중요한 날이오. 삼부회에서만 처리할 수 있는 과세 문제에 대해 좋은 의견들을 말해 보시오."

　국왕인 루이 16세의 말이 떨어지기가 무섭게 신분별로 열띤 의견들을 내놓았습니다. 그러나 얼마 안 가서 표 대결에 말썽이 일었습니다.

18세기 프랑스의 화려한 의상

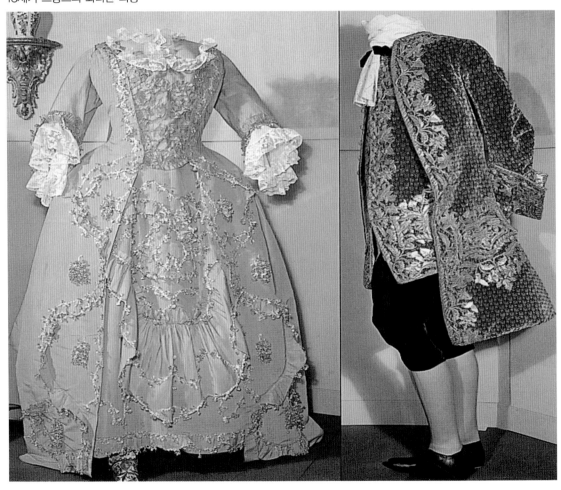

삼부회의 소집

"각 신분의 전체 의견을 한 표로 하자!"

성직자들과 귀족들이 이렇게 주장하자, 평민들이 적극적으로 반대했습니다.

"그러면 우리가 2대 1로 질 게 뻔하지 않습니까? 한 사람이 한 표씩 던지는 것을 합계로 결정해야 합니다!"

테니스 코트의 선언

＊국민 의회
프랑스 대혁명 초기에
제3신분들이 구성한 근
대적인 의회이다.

프랑스 국장

제3신분의 입장에서는 당연한 주장이었습니다. 그리고 제3신분은 특권층인 제1신분과 제2신분의 몇몇 사람들을 설득하여 자기편으로 만드는 데도 성공했습니다.

상황이 이쯤 되자 제3신분 대표들의 생각이 달라졌습니다.

"여러분! 우리는 이제 보다 큰 힘을 갖게 되었습니다. 우리의 주장을 펼치기 위해서는 우리만의 새로운 조직이 필요할 것 같습니다."

"그럽시다. 우리는 우리끼리 따로 의회를 만듭시다!"

그리하여 1789년 6월 17일, 시민 대표들이 똘똘 뭉쳐서 '국민 의회'*를 결성했습니다. 귀족들은 귀족들대로 대책을 마련하기 위해 회의를 소집했습니다.

"왕과 귀족들만 사람이고 우리는 짐승이냐?"

"우리가 참석하지 않고 여는 회의는 무효다!"

국민 의회 대표들이 회의장으로 갔으나 문이 굳게 닫혀 있었습니다. 때마침, 비가 내려서 시민 대표들은 테니스 코트로 모였으며, 여기에서 선언한 것을 '테니스 코트의 서약'*이라고 합니다.

> *테니스 코트의 서약
> 프랑스 혁명의 발단이 된 사건의 하나이다.
> 1789년 국왕의 회의장 폐쇄에 대항하여, 전국 삼부회 제3신분 선출 의원들이 궁전 옆의 테니스 코트에 모여 헌법 제정이 실현될 때까지 해산하지 않기로 결의를 선언한 일이다.

테니스 코트의 서약

"우리의 국민 의회는 국왕의 허락 없이도 언제든지 회의를 열 것이며, 프랑스가 정당한 헌법을 제정할 때까지 투쟁할 것을 선언합니다!"

그리고 이 자리에서 국민 의회 의장에 콩트 드 미라보가 뽑혔습니다.

이에 당황한 루이 16세는 '국민 의회'를 무효라고 선언했다가, 일부 성직자와 귀족들이 국민 의회 편을 들자 하는 수 없이 7월 7일 이를 인정했습니다.

만일, 루이 16세가 국민 의회를 진정으로 인정하였더라면 프랑스는 혁명을 겪지 않고 입헌 군주국의 길을 걸었을지도 모릅니다. 그러나 왕과 귀족은 국민 의회를

프랑스 혁명의 발단이라고 할 수 있는 루이 16세의 1789년의 삼부회 소집

박살 내 시민 세력을 꺾으려고 은밀히 의논했습니다.

"국민 의회를 깨뜨려 버립시다."

그들은 몰래 스위스와 독일에서
용병을 사들였습니다. 이것이
국민 의회와 시민을 흥
분의 도가니로 몰아넣
었습니다.

우리 귀족들은 제멋대로인 국민 의회를 절대 인정할 수 없소이다.

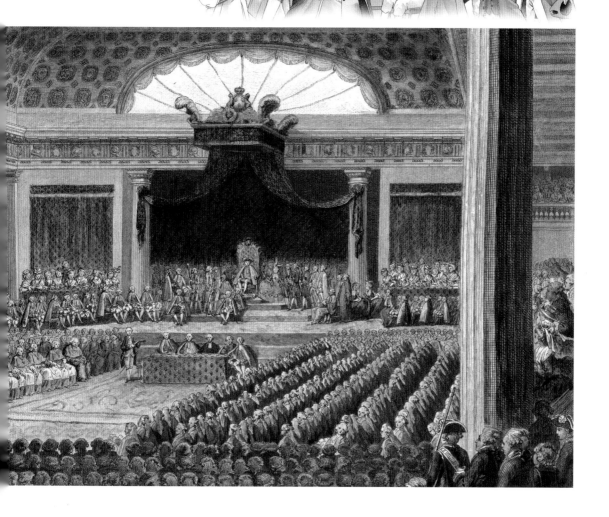

# 3 바스티유로 향하는 성난 민중의 물결

파리에서는 개혁을 요구하는 소리가 높아졌고, 이러한 개혁의 열기는 삽시간에 지방으로 확산하여 갔으며, 관리들은 치안을 유지할 힘을 잃었습니다.

왕은 군대를 베르사유에 집결시키는 한편, 자유주의 개혁가인 네케르가 발표한 정책이 타당하지 않다는 이유로 그를 면직시켰습니다.

이러한 일련의 움직임 때문에 왕실에서 개혁 운동을 억압하려고 한다는 소문이 시민 사이에 퍼졌습니다.

1789년 7월 14일, 국민 의회에 기대를 걸고 있던 파리의 민중들은 정치범들이 투옥되어 있던 바스티유 감옥을 습격하였습니다.

바스티유 감옥을
습격하는 파리 시민들

# 분노하는 파리 시민들

*화약

　충격, 점화 등에 의해 순간적으로 연소 또는 분해 반응을 일으키고 다량의 열과 기체를 발생시켜, 파괴, 추진 등의 작용을 하는 물질이다.

　**국민** 의회가 국왕으로부터 탄압을 받자 파리 시민은 자치 위원회를 구성하고 민병대를 조직했습니다. 민병대는 민간인으로 짜인 군대입니다.

　"독재와 끝까지 싸웁시다!"

　변호사인 카미유 드물랑이 시민에게 총과 칼을 들자고 외쳤습니다. 이들은 무기 창고를 습격하여 소총 3만 자루와 대포 몇 개를 빼앗았습니다.

　"화약*이 있는 곳으로 갑시다!"

싸우는 파리 시민들 〈프랑스 대혁명〉

드디어 7월 14일, 운명의 날이 다가왔습니다.

그들은 무장을 제대로 갖추기 위해 바스티유로 향했습니다. 바스티유는 파리 중심지에 있는 감옥으로, 17세기 루이 13세 때 리슐리외*에 의해 사용되었습니다.

민병대는 물론 파리의 시민들이 바스티유 감옥을 공격함으로써 '프랑스 대혁명'의 막이 올랐습니다.

루이 13세 때의 재상인 리슐리외

＊리슐리외
프랑스의 추기경이며 정치가이다. 파리 태생으로, 1614년 삼부회에 선출되어 웅변으로 이름을 떨쳤다.
1624년 재상이 되어, 그 후 죽을 때까지 중앙집권제의 강화에 힘썼으며, 1635년 '프랑스 학사원'을 창설하여 학문과 예술을 보호하였다. 저서로는 〈정치적 유언〉, 〈메무아르〉 등이 있다.

죽음에 이른 리슐리외

리슐리외의 문장

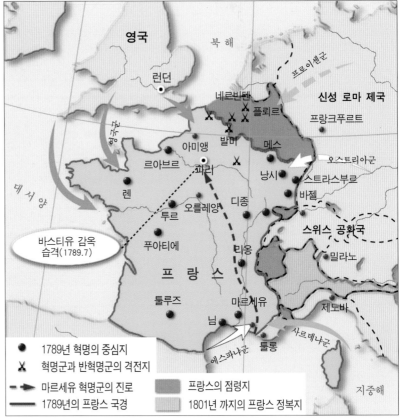

| | |
|---|---|
| ● | 1789년 혁명의 중심지 |
| ✕ | 혁명군과 반혁명군의 격전지 |
| ▶ | 마르세유 혁명군의 진로 |
| ― | 1789년의 프랑스 국경 |

프랑스의 점령지

1801년 까지의 프랑스 정복지

프랑스 혁명

거대한 성벽으로 에워싸인 바스티유 감옥에는 대포가 파리 시내를 향해 설치되어 있었습니다.

바스티유는 많은 사람이 억울하게 끌려가 갇힌 곳이며, 고문하는 악마의 소굴로 평소 모든 사람이 두려워했던 감옥이었습니다.

"저 무시무시한 유령의 집을 깨뜨리자!"

성난 군중의 물결은 용감하게 바스티유 감옥으로 쳐들어갔습니다. 그리고 수비대와 피비린내 나는 싸움을 벌였습니다. 수비 대장 드로네이의 목이 잘리고 감옥이 점령되자 불길이 치솟았습니다.

7월 15일, 바스티유 함락 소식을 들은 루이 16세는 놀라서 물었습니다.

"대체 누가 반란을 일으켰느냐?"

리앙쿠르 공이 대답했습니다.

"반란이 일어난 게 아니라 혁명이 일어난 것입니다."

이때를 맞추어 지방에서는 많은 농민이 일어나 귀족들의 집을 습격하고 재물을 빼앗는가 하면 시위 행진을 하였습니다.

루이 16세

이렇게 나라 안에 온통 혁명의 불길이 타올라 피바다를 이루었습니다. 그러자 루이 16세는 나랏일을 국민 의회에 맡기기로 하였습니다.

---

 **골든벨 상식**

**바스티유 감옥 습격 사건**

1789년 7월 14일, 국민 의회에 기대를 걸고 있던 파리의 민중들은 정치범들이 투옥되어 있던 바스티유 감옥을 습격하였다.

이 무렵 혁명을 지지하는 파리 시민은 모두 붉은색, 흰색, 푸른색 등의 3가지 띠를 두른 모자를 썼는데, 이것이 나중에 프랑스 국기인 삼색기가 되었다. 파리에서는 민중이 시청을 점령하여 자치적인 행정 조직을 만들고, 자주적으로 국민군을 결성하였다.

그리고 지방에서는 농민 폭동이 일어나서 영주의 저택을 부수고, 봉건적인 조세 증서를 불태워 버리는 등 무력으로 봉건 영주제를 파괴하기 시작하였다.

## 프랑스 혁명의 정신을 밝힌 인권선언

프랑스 혁명은 일단 성공했습니다.

국민 의회는 제1신분과 제2신분 등의 특권층이 누리던 권리를 없애고, 8월 26일 '인간과 시민의 권리 선언', 즉 '인권선언'을 발표했습니다. 이것은 라파예트가 기초한 17조였습니다.

혁명 조기 삼색기를 들고 있는 혁명가

국민 의회는 평등한 시민의 권리를 보장하는 인권선언을 발표하는 바입니다.

프랑스 파리의 몽마르트르 언덕 위에 있는 사크레쾨르 대성당

프랑스를 위기에서 구한 잔 다르크

라피예트의 전신상

"······인간과 시민에 대한 성스러운 권리를 확인하여 선포한다. 제1조, 인간은 평등하게 태어났으므로 언제나 그렇게 대접받는다······.

제3조, 모든 주권은 국민한테서 나온다······. 제6조, 모든 시민은 직접 또는 대표로서 법을 제정하는 데 참여할 권리를 갖는다······."

이것은 17조 중 가장 중요한 세 가지 조항입니다.

또 이것은 현대의 민주주의를 향한 발걸음이기도 했습니다.

### 프랑스 인권선언

농민 폭동이 일어나자, 특권 신분의 의원들은 두려움을 느끼고 봉건제 폐지를 선언하였다.

국민 의회는 8월 26일 프랑스 혁명의 근본 정신을 밝힌 인권선언을 발표하였다.

이것은 미국의 독립 혁명에 참가했던 라파예트가 기초하였다.

그 내용에는, 사람은 태어나면서부터 자유롭고 평등할 권리를 가지고 있으며, 주권은 국민에게 있고, 언론·집회·출판의 자유가 보장되어야 한다는 것을 명시하였다.

그리고 모든 사람은 법률 앞에서 평등하고, 재산권을 침해받지 않을 권리가 있다는 조항이 있었다.

프랑스의 인권선언문

삼색기 옆의 라파예트

프랑스 국기인 삼색기

프랑스 대혁명 시기의 군복

프랑스의 국기인 '삼색기' ＊는 바스티유 감옥을 부순 이튿날, 국민 사령관 라파예트가 국왕과 파리 시와의 관계를 조정하기 위하여, 파리 시의 군대 색깔인 파란색과 빨간색 사이에 부르봉 왕조를 상징하는 흰색을 삽입하여 시민병의 휘장으로 삼은 것입니다.

이것이 나중에 프랑스의 국기가 되었는데, 여기에서 파랑, 빨강, 하양은 각각 자유, 평등, 박애를 상징합니다.

BASTILE

A correct View of the Bastile, with its Ground Plan.

파리에 있었던 바스티유 감옥

한편, '모든 주권은 국민으로부터 나온다.'는 인권 선언이 선포되었음에도 프랑스는 여전히 국왕 중심으로 이루어졌습니다. 군주 체제가 계속되었던 것입니다. 루이 16세는 '될 대로 되라'는 식으로 가만히 있을 수밖에 없었습니다.

그해 흉년이 들어서 식량이 부족해지자, 10월 5일에는 식량 부족으로 폭동이 일어나기도 하였습니다.

이때의 폭동에 참가한 사람들은 대부분 여성들이었습니다.

"우리에게 빵을 달라!"

수천 명의 여성이 거리로 쏟아져 나왔습니다.

사태가 이렇게 되자 국왕은 물론, 같은 입장에 있었던 국민 의회 의원들마저도 그들로부터 시달림을 받게 되었습니다. 정치적으로 빵 문제를 해결해 주어야 했기 때문입니다.

프랑스의 왕궁 튈르리 궁전에서 진행하는 저녁 연회

# 4 단두대에 오른 루이 16세

과격파의 세력이 커진 국민 공회는 1792년 왕정 폐지를 의결하고, 공화정을 선포하였습니다. 열광적인 혁명파에게는 자유의 새 시대가 열리고, 전제 군주의 지배는 끝난 것처럼 생각되었습니다.

국민 공회에서는 지롱드파와 마라, 당통, 로베스피에르가 이끄는 자코뱅파 사이에 대립이 격심해지고 있었습니다. 또한, 체포된 왕의 처리 문제를 두고도 대립하였습니다.

얼마 후 정권을 잡은 자코뱅파는 1793년 1월에 루이 16세를 사형에 처했습니다. 왕의 처형은 국내외에 큰 충격을 주었습니다. 영국의 피트 수상은 각국에 호소하여 대프랑스 동맹을 체결하고, 연합군을 프랑스에 투입시켰습니다.

단두대에서 처형되는
루이 16세

프랑스 파리 중심부에 있는 콩코르드 광장

전하, 우린 이제 어찌 되는 것입니까? 베르사유로 돌아갈 수는 있을까요?

# 혁명전쟁의 시작

이 무렵, 루이 16세가 신변 보호를 명목으로 친위대를 베르사유 궁전에 배치하면서 일은 크게 잘못되기 시작했습니다.

"왕이 신변 보호를 명목으로 군대를 모으고 있다."

"귀족과 손잡고 무슨 음모를 꾸미는 것이 확실하다. 왕을 파리로 데려와서 감시하라!"

이런저런 이유 때문에 시민들은 왕을 베르사유에 혼자 두는 것은 위험하니 파리로 데려와서 감시하자고 하였습니다.

10월 6일, 시민은 베르사유로 몰려가서 루이 16세를 파리로 끌어왔습니다.

이제 왕은 마음대로 파리를 떠날 수조차 없는 몸이 되었습니다.

프랑스 수도 파리의 아름다운 야경

　이 과정에서 왕이 국민의 신임을 잃고 갇힌 신세가 되자, 왕의 자리를 없애고 선거로 지도자를 뽑자는 공화파와 그래도 왕을 모셔야 한다는 왕당파가 맞서기 시작했습니다.

그러다가 1791년 4월 왕당파의 지도자인 미라보가 죽자, 공화파의 세력이 커졌습니다.

'이대로 있다가는 목숨마저 위험하다!'

이렇게 되자 루이 16세는 더욱 깊은 시름에 빠지게 되었습니다. 결국, 루이 16세와 그의 가족이 6월 20일 밤에 오스트리아로 도망치려다가 붙잡히는 사건이 일어났습니다.

"왕은 반역자다! 당장 감옥에 처넣어라!"

시민들은 흥분하여 왕을 감옥에 처넣으라고 외쳤습니다.

### 베르사유 궁전

파리 교외 베르사유에 있는 부르봉 왕가의 이궁이다. 바로크 양식의 건물로 호화롭고 장려하기로 유명하다. 1661~1690년 사이에 세워진 루이 14세의 궁전으로, 1682~1715년에는 루브르 궁전을 대신하는 정식 왕궁이 되었다.

정원은 유럽에 군림한 군주답게 절도 있는 위용을 자랑하고 있다. 갖가지 공예 기법을 구사하여 화려하게 꾸며 놓은 내장이 유명하다.

제1차 세계 대전의 평화 조약이 이 궁전에서 이루어졌다.

베르사유 궁전

국왕 일가가 파리로 송환되는 모습

한편, 이웃 나라들은 프랑스의 혁명을 보고 혁명의 불똥이 자기네 나라로 튀지나 않을까 걱정했습니다.

"프랑스 혁명 정부를 부수고 왕권을 수호하자!"

그리하여 그들은 프랑스 혁명 정부를 쳐부수고 이전과 같이 왕권 정부를 이어가게 하려고 전쟁을 일으켰습니다.

1792년 4월, 프로이센과 오스트리아 연합군이 프랑스 국경으로 이동하여 프랑스의 혁명 정부군과 맞섰습니다.

이것이 '혁명전쟁'입니다. 유럽은 이 전쟁에 20여 년 동안이나 휘말려 피를 흘렸습니다.

망명을 꿈꾸는 왕과 프로이센·오스트리아 연합군과의 전쟁 시작으로 혁명 정부 안에서는 과격파인 자코뱅당이 세력을 잡게 되었는데, 그 대표적인 인물이 마라＊와 당통입니다.

천문도에 비긴 프랑스 혁명 왕당파와 공화파의 대립 관계를 중심으로, 당시의 정세를 나타냈다.

자코뱅파가 근거지로 삼았던 자코뱅 수도원

1862년 목판화 자롱드파의 처형

사냥에 나서는 귀족들

　이들은 왕이 하는 일을 믿지 못하고 왕을 미워하는 공화파들이었습니다.

　혁명 정부 안의 두 개의 큰 세력은 자코뱅당과 지롱드당이었습니다. 자코뱅당은
자코뱅 수도원에서 결성된 단체였기 때문에 이런 이름으로 불렸습니다.

프랑스 혁명 당시의 시민의 복장

그리고 이 자코뱅당에서 갈라져 나온 세력이 지롱드당으로, 이 당의 당원이 모두 지롱드 지방 출신이었기 때문에 이런 이름이 붙었습니다.

프로이센 · 오스트리아 연합군과 전쟁이 터지자, 훈련도 안 된 의용군으로 이루어진 프랑스의 혁명군은 첫 전투에서 크게 패하였습니다.

이 소식을 들은 파리 시민은 국왕이 군사 기밀을 빼낸 것이 틀림없다고 하였습니다.

"국왕을 폐위하라! 그리고 공화국을 건설하라!"

결국, 과격파인 자코뱅당의 선동으로 흥분한 시민들은 파리 시청을 습격하여 왕과 그 가족을 감옥에 가두어 버렸습니다.

이 사건으로 혁명 정부 내에서 라파예트를 비롯한 왕당파

프랑스 혁명의 지도자 라파예트

는 세력이 꺾이고, 마라와 당통 등 자코뱅당의 대표가 국민 의회를 이끌게 되었습니다.

드디어, 자코뱅당의 독재가 시작된 것입니다.

그러나 전쟁은 계속 프랑스에 불리하게 돌아갔습니다.

프랑스의 화가 자크 다비드가 1793년에 그린 '마라의 죽음'

"혁명을 부정하는 배신자에게는 오직 사형만이 있을 뿐이다!"

프랑스는 계속 다가오는 적군 때문에 온 나라가 떨고 있었습니다.

강한 지배자가 없는 정부에는 배신자만 늘어났습니다.

9월에 들어서면서 군사 요충지 베르됭이 적군에 포위되어 곧 무너지리라는 소식이 전해지자, 파리 시민은 거리로 쏟아져 나왔습니다.

겁에 질린 파리 시민은 1792년 9월 2일부터 며칠 동안 감옥을 습격하여 왕당파와 귀족 등 포로들을 마구 죽였습니다.

프랑스의 혁명가 장 폴 마라

전국 각지에서 파리로 모여드는 의용군

　이때 죽은 사람이 1천 명이 넘었습니다.

　그러나 끝내 베르됭은 무너지고, 적군은 차츰차츰 파리를 향해 진격해 오고 있었습니다.

　파리가 위기에 처했다는 소식은 온 프랑스 국민의 애국심을 크게 일깨웠습니다.

그리하여 지원병이 줄을 이었고, 마르세유의 의용군이 조국을 구하기 위해 파리로 진군하며 부르던 노래 '라 마르세예즈'는 곧 혁명의 노래로 크게 유행하였는데, 이것이 곧 오늘날의 프랑스 국가입니다.

드디어 9월 20일, 프랑스 혁명군이 발미에서 프로이센과 오스트리아 연합군을 무찌르고 첫 승리를 안았습니다.

파리 개선문에 있는 라 마르세예즈 조각  파리로 진군하는 의용군을 그린 조각이다.

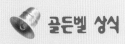 

### 독일의 대문호 괴테

괴테

괴테는 독일의 최대 시인이며 극작가이다. 아버지로부터 그리스와 라틴의 고전어, 〈구약성서〉의 히브리어, 영어, 프랑스어, 이탈리아어 등의 외국어를 비롯하여, 여러 분야에 걸쳐 철저한 교육을 받았다.

어머니로부터는 낙천적이고 예술을 사랑하는 성품을 이어받아, 후일 그 천재적인 소질을 발휘할 수 있는 바탕이 마련되었다.

1769년에는 슈트라스부르크에 유학했는데, 그 시절의 가장 큰 소득은 헤르더를 사귀게 된 점이다. 그는 헤르더의 영향을 받아 인생관과 예술관에 큰 변화를 겪었는데, 그 결과 인간의 자연감정을 해방하고자 하는 '슈투름 운트 드랑(질풍노도)' 운동에 뛰어들었다. 그 선봉에 선 그는 희곡 〈괴츠 폰 베를리힝겐〉과 소설 〈젊은 베르테르의 슬픔〉 등을 발표하였다.

〈파우스트〉 제2부를 완성한 것은 1832년이므로, 1773년경에 초고를 쓰기 시작한 이래 무려 59년이란 긴 세월에 걸쳐 창작한 셈이다. 그는 대작 〈파우스트〉를 완성한 지 반년 뒤인 83세에 운명하였는데, 그가 마지막 남긴 말은, '좀 더 밝은 빛을……' 이었다고 한다.

그때, 프로이센군에 종군했던 저명한 문호 괴테는 이렇게 말했습니다.

"이 싸움, 그리고 프랑스 혁명군의 이 승리야말로 새로운 세계사의 시작이 될 것이다."

발미의 승전 소식을 접한 파리 시민은 일제히 만세를 불렀습니다.

"혁명군 만세! 프랑스 만세!"

# 단두대의 이슬로 사라진 루이 16세

이때, 혁명 정부였던 국민 의회가 해산되고, 정식 입법 기관인 국민 공회가 성립되어 프랑스는 왕정이 완전히 무너졌습니다.

그리고 프랑스에 공화국 헌법이 선포되었습니다.

공화국 헌법이 공포되자 국왕 루이 16세의 처리가 가장 어려운 문제로 떠올랐습니다. 이 문제로 온건파인 지롱드당과 과격파인 자코뱅당이 또다시 무섭게 맞섰습니다.

공포스러운 통치시기를 상징하는 단두대

"공화국의 이름으로 왕을 처형해야 마땅하다!"

과격파인 자코뱅당은 주장했습니다.

하지만 온건파인 지롱드당은 "왕을 국외로 추방하거나 가두어 두는 것으로 그치자."라고 주장하였습니다.

그럴 즈음, 왕궁에서 비밀 문서 한 통이 발견되었는데, 그것은 적과 내통한 것이었습니다.

이리하여 파리 시민은 물론, 그때까지 국왕을 옹호했던 지롱드당조차도 루이 16세에게 등을 돌리게 되었습니다.

그리고 1793년 1월 20일, 루이 16세는 의회에 소환되었고 그의 운명을 결정하는 투표가 시작되었습니다.

루이 16세가 사용했던 의자

1779년에 만든 루이 16세의 반신상

결국, 과반수가 넘는 387표로 루이 16세의 처형이 결정되었습니다.

국왕의 처형이 결정되자, 유럽 여러 나라로부터 형을 집행하지 말라는 요구 문서가 도착했습니다.

그러나 1793년 1월 21일, 많은 군중이 모인 혁명의 광장 한복판에 마련된 단두대에는 루이 16세가 올라가 있었습니다. 그는, "프랑스 국민이여! 나는 죄 없이 죽는다!"라는 말을 남기고 처형되었습니다.

오늘이 바로 루이 16세가 국민 앞에서 처형되는 날이잖아요.

저 많은 사람이 대체 어디로 몰려가는 거죠?

1792년 8월 10일 파리 시민이 궁전을 점령하다

처형되기 직전 가족들과 이별하는 루이 16세

이렇게 프랑스 혁명의 소용돌이 속에서 단두대의 이슬로 사라진 루이 16세는 사실 아주 평범한 사람이었습니다. 폭군다운 모습은 전혀 없었으며, 그의 취미는 조그만 작업장에서 손수 자물쇠를 만들거나 3일에 한 번씩 사냥을 나가는 것이었습니다.

루이 16세는 경건하고 순수한 성격이었으며, 국민을 사랑하고 영어에도 어느 정도 능통하였습니다.

하지만 막상 정치에는 관심이 없었습니다.

루이 16세의 남아 있는 일기장에는 혁명 직전에도 사냥에 관한 이야기만이 적혀 있을 뿐이고, 사냥하지 않은 날에는 아무것도 적혀 있지 않았습니다.

바스티유 감옥이 민중에게 점령되었던 1789년 7월 14일에는 아무것도 적혀 있지 않았습니다.

기록에 의하면, 루이 16세는 머리를 쓰는 일에는 금방 피로를 느꼈고, 회의 때는 늘 졸기만 하였다고 전합니다.

베르사유 궁전과 루이 16세

# 5 피를 부르는 공포 정치

지롱드파의 잔당 세력의 선동으로 왕당 귀족과 지롱드파를 중심으로 하는 반혁명의 세력이 싹트기 시작하더니, 그 기반인 마르세유, 리옹에서 폭동이 일어났습니다.

혁명 정부는 반혁명 용의자를 계속 체포하고, 형식적인 재판을 거쳐 곧바로 단두대(기요틴)로 보냈기 때문에, 이 정치를 공포 정치라고 합니다. 이때, 처형된 사람은 파리에서만 약 2,500명이 넘으며, 마리 앙투아네트와 지롱드파 간부들도 처형되었습니다.

자코뱅파가 정권을 잡고, 단두대에 의해 많은 사람을 처형하였던 1793년 9월부터 이듬해 7월까지를 공포 정치 시대라고 부릅니다.

마리 앙투아네트가 태어난
오스트리아의 쇤브룬 궁전

# 자코뱅당의 공포 정치

루이 16세가 단두대에서 처형되었다는 소식이 전해지자 온 유럽의 왕과 지배자들은 가슴이 철렁했습니다.

'잘못하다가는 나도 그렇게 비참한 꼴을 당할지 모른다!'

그들은 저마다 이런 생각을 하였습니다.

한편, 발미에서 승리를 거둔 프랑스군은 벨기에와 독일까지 밀고 들어가 승리를 안았습니다. 또 프랑스의 혁명 정부는 "자유와 평등을 위해 투쟁하는 모든 국가를 지원할 것이다!" 라고 발표했습니다.

1792년 프로이센 – 오스트리아 연합군과 프랑스가 벌인 전투〈발미전투〉

영국 총리 윌리엄 피트

이에 영국 총리 윌리엄 피트가 나서서 네덜란드, 에스파냐, 오스트리아 등과 동맹을 맺어 프랑스와 싸우기로 하였습니다.

"프랑스를 다시 왕이 다스리게 해야 한다."

왕을 처형한 건 아무리 생각해도 심했소. 프랑스는 누가 뭐래도 왕이 다스려야 하오.

왕의 처형에 반대했던 왕당파들이 전국에서 폭동을 일으켜 나라 안은 시끄러웠습니다.

또, 굶주리는 백성과 일자리를 잃은 사람들의 아우성이 늘어났습니다.

벨기에 수도 브뤼셀에 있는 왕궁

정치를 더욱 강하게 장악할 필요를 느낀 자코뱅당은 이러한 책임을 지롱드당에 모두 뒤집어씌워 그들의 지도자 29명을 처형해 버렸습니다.

"혁명 정부에 반대하는 자는 모조리 처형할 것이다!"

이로써 '공포 정치' 시대의 막이 올랐습니다.

특히, 프랑스 혁명 때 귀족과 성직자를 무자비하게 학살한 정치가 마라는 자코뱅당의 지도자가 되어 공포 정치를 시행했습니다.

지롱드당이 무너지고 마라의 공포 정치가 행해지자, 마라를 저주하는 한 소녀가 나타났습니다.

'마라는 악마다!

감옥에 갇힌 지롱드파

단두대(기요틴)

그 소녀의 이름은 샬로트 코르데*였는데, 그녀는 지롱드 당을 지지하는 여자로서 자유를 사랑하고 공포 정치를 싫어했습니다.

1793년의 어느 날, 코르데는 파리에 있는 마라의 집을 찾아갔습니다.

"무엇 때문에 왔나요?"

하녀가 묻자, 코르데는 적어 가지고 온 쪽지를 내밀었습니다. 거기에 '반혁명파에 대한 정보를 제공하겠다.' 라는 내용이 적혀 있어서 하녀는 의심하지 않고 안으로 안내했습니다.

마라는 과거에 지하실이나 하수도 등에 숨어 지낸 적이 많아서 늘 피부병으로 고생하였습니다.

＊코르데
프랑스 혁명 때의 여인이다. 지롱드당을 지지했던 그녀는 마라를 암살하여 처형되었다.

자코뱅 당의 지도자인 마라를 죽인 코르데

*당통

프랑스의 정치가이며 혁명가이다. 오브 주에서 부유한 농부의 아들로 태어났다. 로베스피에르, 마라와 함께 프랑스 대혁명의 3거두라고 일컬어진다. 법률을 배워서 변호사가 되었고 혁명이 일어나자 지도자로서 활약하였다. 웅변가로도 알려졌으며 자코뱅당에 들어가 로베스피에르와 뜻이 맞지 않아 사형을 당하였다.

당통

이날도 마라는 몸이 가려워서 목욕탕에 들어앉아 있다가, 갑자기 침입한 소녀 코르데가 휘두르는 칼을 미처 피하지 못했습니다. 결국, 마라는 코르데에게 암살당하고 말았습니다. 며칠이 지난 뒤, 코르데는 재판을 받는 자리에서 이렇게 말했습니다.

"자코뱅당의 독재 공포 정치에 경종을 울리려고 마라를 죽였다! 그를 죽임으로써 수천 명이 그에게 죽음을 당하는 것을 막았다."

그러고는 아무런 두려움도 보이지 않고 태연히 단두대로 올라가 처형되었습니다. 한편, 마라의 뒤를 이은 당통* 또한 공포 정치를 계속했습니다.

그는 혁명의 모든 적을 깨끗이 쓸어내야 한다면서 헌법의 일시 정지를 선포했습니다.

당통은 아울러 1793년 9월에는 로베스피에르와 함께 혁명 반대자를 검거하는 수배령을 내렸습니다.

"혁명에 반대하는 자는 누구도 살아남지 못한다!"

당통은 등골이 오싹할 말을 하였습니다.

사형 판결을 받으면 지체 없이 단두대(기요틴)로 끌려 갔으며, 이 무서운 피바람에 2,600여 명이 며칠 동안에 파리에서 목숨을 잃었습니다.

전국적으로 목숨을 잃은 사람은 수천 명이나 되었습니다.

루이 16세의 왕비인 마리 앙투아네트*도 이때 사형되었습니다.

루이 16세의 왕비인
마리 앙투아네트

＊마리 앙투아네트
　루이 16세의 왕비이며, 오스트리아 여제 마리아 테레지아의 딸이다. 1774년 프랑스 왕비가 되었는데 지나치게 사치스러워서 국민의 비난을 받았다.
　1789년 프랑스 혁명이 일어나자, 루이 16세와 함께 처형되었다.

영화 속에 표현된 루이 16세와 마리 앙투아네트의 사치한 생활

나는 내 적들이 내게 준 고통을 용서합니다.

"죽음만이 나를 구원해 줄 수 있다!"

마리 앙투아네트 왕비는 사형
대에 오르면서 이렇게 중얼거
렸습니다.

마리 앙투아네트는 오스트
리아의 여왕 마리아 테레지아
의 딸이었습니다.

그녀는 프랑스 재정이 어려운데도 전혀 개의치 않고 베르사유 궁전에서 호화로운 생활을 하였습니다.

용모는 아름다웠으나 허영심이 많고 분별없이 행동하여, 프랑스 백성의 미움을 샀다가 혁명 정부의 손에 죽음을 맞이한 것입니다.

오스트리아 수도 빈에 있는 〈슈테판 성당〉

마리 앙투아네트가 태어난 오스트리아 수도 빈의 〈호프부르크 왕궁〉

# 당통과 로베스피에르 피의 정치

한편, 유럽의 동맹군은 프랑스 혁명군을 마구 밀어붙이더니 중요한 항구인 툴롱을 함락시켰습니다. 그러자 프랑스 전국에서 다시 피바람이 몰아쳐서 수백 명이 억울한 죽음을 당했습니다.

"사형! 사형!"

당통은 누구든지 무조건 사형에 처했습니다.

혁명 정부를 비판하는 놈들은 반역자들이다. 모조리 잡아들여 처형하도록 하라!

말 한마디 잘못해도 따라 목숨이 될 판이니 무서워서 살겠나.

프랑스 남동구 지중해에 면하는 항구도시 〈툴롱 항구〉

당통은 로베스피에르와도 사이가 멀어져서 정권 다툼을 벌이게 되었습니다. 그 때문에 당통 자신도 결국 사형을 받았습니다.

로베스피에르 또한 계속 무시무시한 공포 정치를 펴서, 정부를 비판하거나 반정부 투쟁을 하는 자는 모조리 붙잡아 사형에 처했습니다.

로베스피에르의 고향 마라스의 시청

당통의 초상화

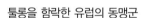

툴롱을 함락한 유럽의 동맹군

누구든지 혁명 정부와 그 지도자들을 나쁘게 말하거나 이상한 행위를 하면 붙잡혀 가서 심한 고문을 받고 혁명 재판에 넘겨졌습니다. 여기에서는 무죄나 사형 판결밖에 내려지지 않았습니다.

프랑스 국민은 계속되는 공포 정치와 끝없는 처형에 지쳐 있었습니다. 그들은 평화를 애타게 바라게 되었으며, 로베스피에르 피의 정치에 반대하기 시작했습니다. 그러자 로베스피에르는 또다시 사형 선고를 내리기 시작했습니다.

"정부를 비판하는 자는 모두 사형에 처한다!"

### 한 걸음 더!

### 로베스피에르

프랑스의 혁명 정치가이다. 변호사 출신으로, 삼부회 의원으로 선출되었으며, 국민 의회를 통해 자코뱅당 지도자로 활약하였다. 1793년 공안 위원회를 중심으로 혁명 정부의 모든 행정 권력을 잡고 공포 정치를 추진했다.

그는 최고 가격 결정, 망명자 재산 매각 등의 혁명 입법을 추진하는 등 개혁에 힘썼다.

그는 급진적인 소시민과 소농층을 대표하는 공화주의자였으나 1794년에 처형되었다.

프랑스 혁명의 과격한 지도자 로베스피에르

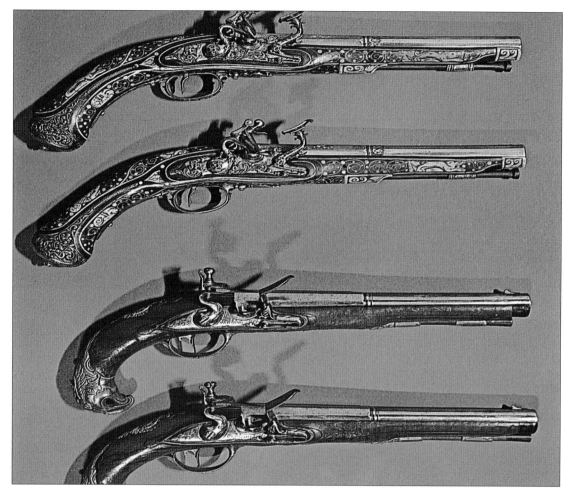

18세기 권총

1794년 6월 10일에 시작된 로베스피에르의 반대파 숙청 작업은 7월 27일까지 계속되어 무려 1,400명이나 그 희생자가 되었습니다.

"사람의 목이 마치 지붕에서 기왓장 떨어지듯 했다."

누군가가 이때의 몸서리치는 사형 광경을 이렇게 표현했습니다. 북을 세게 치면 더욱 센소리가 나듯, 무시무시한 공포 정치 앞에도 이에 맞서는 강한 세력이 나타나게 마련이었습니다.

# 6 혁명의 막은 내리고

로베스피에르의 파는 하층민의 요구를 전폭적으로 수용하는 에베르 등의 극좌파를 쓰러뜨리고, 온건파인 당통을 처형하였습니다.

그러나 에베르, 당통의 처형은 오히려 자코뱅파의 세력을 약화시키는 결과를 가져왔습니다. 오늘의 우군이 내일의 적이 되는 불안한 현실 상황에서, 국민 공회 내에서도 로베스피에르 일파의 처사에 반대하는 사람이 많아졌습니다.

마침내 국민 공회 내의 반대파에서 로베스피에르 일파를 제거하려는 움직임이 일어나, 1794년 7월 27일에 로베스피에르 일파는 단두대로 보내졌습니다.

혁명에 가담한 파리 시민

# 혁명의 종결과
# 총재 정부의 시작

오랜 공포 정치, 끝없는 처형에 지친 프랑스 국민은 평화를 갈망했습니다.

'로베스피에르 피의 정치가 끝나야 할 텐데…….'

공포 분위기 때문에 서로 말은 못하지만, 사람들은 만나기만 하면 이런 말을 눈빛으로 주고받았습니다.

그러던 1794년 여름 어느 날, 국민 공회가 열리고 로베스피에르가 연단에 올라섰습니다.

"나를 폭군이라고 비난하는 자들이 있는 모양인데 그것은 모르고 하는 말이오!"

그는 공포 정치의 책임을 반대파에게 떠넘겼습니다.

프랑스의 상징인 마리안

프랑스의 보르도에 있는 자롱드파의 기념비

이 말에 반대파 의원들은 새파랗게 질렸습니다.

그러나 국민 공회가 다시 열리자 반대파들은 로베스피에르가 저지른 독재와 피바람에 대해 비난을 하고 그를 체포하는 데 성공했습니다.

로베스피에르는 도리어 올가미에 걸려 살아남을 수 없음을 알고 자살하려고 하였습니다.

'탕!'

하지만 자신이 쏜 총알에 맞은 로베스피에르는 죽지 않았습니다.

"로베스피에르는 아직 죽지 않았다. 죽기 전에 빨리 단두대로 보내라!"

반대파들은 피를 흘리는 로베스피에르를 단두대로 옮겨 처형했습니다.

이 사건을 '백색 혁명'이라고 합니다.

〈민중을 이끄는 자유의 여신〉
프랑스 혁명기에 활약한
들라크루아의 작품이다.

파리의 뤽상부르 정원의 북쪽 구석에 있는 뤽상부르 궁전

또다시 프랑스 전국에 폭력의 열풍이 휘몰아쳤습니다. 숱한 자코뱅 당원들이 목숨을 잃었습니다. 자코뱅당이 무너지고 온건파가 세력을 잡자 공포 정치의 막은 내려졌습니다.

그리하여 프랑스는 차츰 평온을 되찾기 시작했습니다.

프랑스 파리의 마들렌 교회

　여러 가지 금지령이 풀리고 국민은 저마다 생각을 자유롭게 말할 수 있게 되었습니다.

　1795년에는 국민이 그토록 바라던 '공화국 헌법'이 마련되어 선거도 치러졌습니다. 선거 결과 5명의 총재가 뽑혔습니다.

　이 총재 정부는 로베스피에르 독재 정권이 무너진 직후부터, 1799년 11월까지 프랑스를 이끌었습니다. 총재 정부의 특징은 권력이 한 곳에 주어지지 않는 데 있었습니다.

## 이어지는 혁명의 물결

"혁명은 끝났다!"

부르주아 계급이 새로 선 정부를 이끌게 됨으로써, 왕권과 귀족 계급을 거꾸러뜨리려고 일어선 부르주아 혁명은 끝이 난 것입니다.

부르주아 계급의 부추김으로 민중이 일어난 바스티유 습격과 함께 시작된 뜨거운 혁명의 열기는 이제 사라졌습니다. 프랑스 국민은 피와 전쟁에 시달릴 대로 시달려 평화를 목마르게 요구하고 있었던 것입니다.

"자유와 평등과 박애만이 우리 프랑스 앞에 놓여 있다!"

바스티유를 점령해서 무기와 탄약을 확보해야 해요.

18세기 파리의 거리 풍경

1911년 부르주아 계급을 비판하는 화보

혁명이 완전히 끝나자 프랑스 국민은 매우 기뻐했습니다.

민중이 바스티유 감옥을 습격함으로써 시작된 프랑스 대혁명은 이제 막을 내리고, 피와 전쟁의 시대에서 평화의 시대를 맞은 것입니다.

"프랑스 혁명은 인류가 당연히 끊어야 할 쇠사슬을 끊고 얻어낸, 자유와 평등의 싸움이었다."

어느 역사학자는 이렇게 말했습니다.

프랑스 혁명의 영향은 유럽 여러 곳으로 번져 나가게 되었습니다. 맨 처음 올린 민중 혁명의 횃불로, 그것은 현대 민주주의의 앞길을 비춘 것이었습니다.

프랑스 혁명은 교황과 왕권, 왕권과 귀족의 다툼에서 부르주아 계급이 귀족으로 부터 권력을 빼앗는 실마리가 되었으며, 다시 부르주아와 민중의 투쟁으로 이어졌습니다.

"우리의 위대한 혁명은 이 땅 위에 완전한 자유와 완전한 평등과 완전한 박애가 실현될 때까지 계속될 것입니다."

프랑스 혁명의 상징과 표어

# 세계사 부록

## 혁명의 시작을 알린 바스티유 습격 사건

1789년 7월 14일, 국민 의회에 기대를 걸고 있던 파리의 민중들은 정치범들이 투옥되어 있던 바스티유 감옥을 습격하였다.

이 무렵 혁명을 지지하는 파리 시민은 모두 붉은색, 흰색, 푸른색의 3가지 띠를 두른 모자를 썼는데, 이것이 나중에 프랑스 국기인 삼색기가 되었다.

파리에서는 민중이 시청을 점령하여 자치적인 행정 조직을 만들고, 자주적으로 국민군을 결성하였다. 그리고 지방에서는 농민 폭동이 일어나서 영주의 저택을 부수고, 봉건적인 조세 증서를 불태워 버리는 등 무력으로 봉건 영주제를 파괴하기 시작하였다.

바스티유를 습격하는 파리 시민들

인권선언을 기초한 라파예트

## 인권선언

농민 폭동이 일어나자, 특권 신분의 의원들은 두려움을 느끼고 봉건제 폐지를 선언하였다.

국민 의회는 8월 26일 프랑스 혁명의 근본정신을 밝힌 인권선언을 발표하였다. 이것은 미국의 독립혁명에 참가했던 라파예트가 기초하였다.

그 내용에는, 사람은 태어나면서부터 자유롭고 평등할 권리를 가지고 있으며, 주권은 국민에게 있고, 언론 · 집회 · 출판의 자유가 보장되어야 한다는 것을 명시하였다.

그리고 모든 사람은 법률 앞에서 평등하고, 재산권을 침해받지 않을 권리가 있다는 조항이 있었다.

## 자코뱅 파에 의한 공포 정치

자코뱅파가 정권을 잡고, 단두대에서 많은 사람을 처형하였던 1793년 9월부터 이듬해 7월까지를 공포 정치 시대라고 부른다.

자코뱅파는 망명 귀족의 토지를 몰수하고 봉건적인 토지 제도를 완전히 폐지하여 농민을 봉건적 의무에서 해방했다. 따라서, 이때부터 자작농이 많아지게 되었다.

학교도 많이 세워졌으며, 특히 교육 제도가 정비되었다. 그리고 그때까지 통일성이 없던 도량형 제도가 개량되어, 오늘날 세계적으로 널리 사용되고 있는 미터법이 처음으로 사용되었다.

또한, 크리스트교를 금지하고 이성을 숭배하도록 하는 등 혁신적인 개혁을 실시하였다. 그리고 세계 최초로 징병제를 실시하여 대프랑스 동맹군의 침입을 격퇴시키고, 국내의 반혁명 반란도 진압하였다.

자코뱅파의 지도자 로베스피에르

## 프랑스 혁명의 의의

나폴레옹의 대관식

자유 · 평등 · 박애의 정신을 기본 이념으로 한 프랑스 혁명은, 귀족 중심의 봉건 체제와 전제 정치를 타도함으로써 민주주의와 근대 자본주의로의 길을 개척하였다.

그러한 의미에서 프랑스 혁명은 근대 사회가 성립되는 가장 중요한 계기가 된 전형적인 시민 혁명이었다.

나폴레옹 전쟁을 통하여 프랑스 혁명의 정신인 자유 · 평등 사상이 전 유럽으로 확산되어, 그 후 유럽 각국에서는 자유주의와 민족주의 운동이 잇달아 전개되었다.

1765 　일본, 네덜란드로부터 사상 처음으로 금은전을 수입함.
　　　영국, 의회에서 13개 식민지에 대한 직접 과세 정책인
　　　인지 조례를 통과시킴.
　　　와트, 뉴커먼 증기 기관을 대폭 개량한 증기 기관을 완성함.
　　　신성 로마 제국, 베를린 은행을 설립함.
　　　아메리카, 버지니아 결의를 통해 인지 조례에 항의함.
　　　뉴욕, 농민 반란이 일어남.

1766 　영국, 식민지에 부과했던 인지 조례를 폐지함.

1767 　인도, 영국과 마이소르 왕국 간에
　　　제1차 마이소르 전쟁을 시작함.
　　　프랑스의 루소, 〈음악 사전〉을 저술함.
　　　에스파냐, 예수회를 해산하고 추방함.

와트가 발명한 증기 기관

1768 　영국의 쿡, 제1차 남태평양 항해에서
　　　오스트레일리아를 탐험함.
　　　아크라이트, 다축 방적기를 개량하여 수력 방적기를 발명함.
　　　산업혁명이 시작됨.

1769 　유럽, 희가극(코믹 오페라)이 유행함.

1770 　프랑스 루이 16세, 오스트리아 황녀
　　　마리 앙투아네트와 결혼함.
　　　아메리카, 보스턴 학살 사건이 발생함.

1772 　폴란드, 오스트리아와 프로이센, 러시아 등
　　　3국이 자국 국경 부근의 폴란드 일부를 나누어
　　　차지함(제1차 폴란드 분할).

진주로 만든 '자유의 종'

1773 　청, 〈사고전서〉 편찬을 시작함.
　　　러시아, 푸가초프의 반란이 일어남.
　　　아메리카, 보스턴 차 사건이 발생함.

보스턴 차 사건

1774 　미국, 필라델피아에서 13개 식민지 대표자가
　　　제1차 대륙 회의를 개최하여, '대륙 회의 선언 및 결의'와
　　　'통상 단절 동맹'을 결의함.

1775 　미국, 독립혁명을 시작함.
　　　렉싱턴에서 식민지군이 영국군과 무력 충돌함(렉싱턴 전투).
　　　조지 워싱턴을 독립군 총사령관에 선임함.

| 1776 | 영국의 애덤 스미스, 〈국부론〉을 출간함. |
|------|------|
| | 미국의 혁명 사상가 토머스 페인, 〈상식론〉을 발행함. |
| | 제퍼슨 등이 기초한 〈독립선언서〉를 대륙 회의에 보고함. |
| 1777 | 프랑스의 라부아지에, 공기의 성분 분석 실험을 함. |
| 1779 | 영국의 크럼프턴, 물 방적기를 발명함. |
| | 네덜란드의 잉엔하우스, 식물의 광합성 작용을 발견함. |
| 1780 | 러시아의 예카테리나 2세, 영국에 대한 |
| | 무장 중립 동맹을 제창하여 |
| | 미국 독립을 간접적으로 원조함. |

예카테리나 2세

| 1781 | 신성 로마 제국의 칸트, 〈순수 이성 비판〉을 저술함. |
|------|------|
| 1784 | 프랑스의 다비드, 〈호라티우스 형제의 맹세〉를 그림. |
| 1786 | 오스트리아의 모차르트, 〈피가로의 결혼〉을 작곡함. |
| 1788 | 신성 로마 제국의 칸트, 〈실천 이성 비판〉을 저술함. |
| 1789 | 프랑스, 파리 시민 수천 명이 빵을 달라고 시위하며 |
| | 베르사유 행진을 벌임. |
| | 미국의 조지 워싱턴, |
| | 아메리카 합중국 초대 대통령에 취임함. |
| 1790 | 프랑스의 루이 16세, 가족과 함께 국외 망명을 |
| | 시도하다가 체포됨. |

다비드의 〈호라티우스 형제의 맹세〉

| 1793 | 프랑스의 루이 16세, 단두대에서 처형됨. |
|------|------|
| 1794 | 프랑스, 로베스피에르와 그 일파를 처형함 |
| | (공포 정치 끝나고 부르주아 지배 회복). |
| 1795 | 청, 건륭제 퇴위하고 인종 즉위함. |

조지 워싱턴 동상

| 1796 | 프랑스의 나폴레옹, 이탈리아 원정군 사령관이 됨. |
|------|------|
| | 영국의 의사 제너, 종두법을 개발함. |
| 1798 | 프랑스, 아부키르만 해전에서 넬슨 제독이 지휘하는 |
| | 영국 해군에게 패배함. |
| | 나폴레옹, 이집트 원정을 시작함. |
| 1799 | 프랑스, 나폴레옹의 이집트 원정군이 |
| | 로제타석을 발견함. |
| 1800 | 이탈리아의 볼타, 축전지를 발명함. |
| | 미국, 워싱턴을 미합중국 수도로 정함. |

이 시대의 세계는

**산업혁명 당시 리버풀과 맨체스터 간의 철도 개통식**
산업 혁명은 18세기 후반부터 영국에서 시작된 눈부신 기술의 진보와, 공장제 공업의 출현에 의해 산업상의 여러 변화 및 이 때문에 경제·사회의 혁명적 변화가 일어났다.

유럽

아시아

나폴레옹이 발견한 로제타석

아프리카

인도양

오스트레일리아

**루이 16세(1754~1793년)**
프랑스의 왕으로, 16세에 오스트리아의 황녀 마리 앙투아네트와 결혼하고 1774년에 즉위하였다. 재정 곤란을 견디다 못해, 1789년 오랫동안 열지 않았던 삼부회를 소집하였다. 그러나 삼부회에서 평민 대표와 특권 신분(성직자, 귀족)이 회의 운영 방식 때문에 분열되었고, 평민 대표들은 '국민 의회'를 만들어 왕에게 반기를 들었다. 루이 16세가 이를 무력으로 진압하려 하자 시민이 격분하여 바스티유 감옥을 부수었다. 곧 의회는 '인권선언'을 발표했으나 그는 이것을 인정하지 않고 외국으로 망명하려다 붙잡혀, 재판을 통해 처형되었다.

〈사고전서〉
중국 청나라 때 건륭제의 명으로
엮은 총서이다. 1772년부터 고금
의 책을 전국에서 모아 학자들로
하여금 경(經), 사(史), 자(子), 집
(集)의 4부로 분류하게 하여 10년
뒤에 첫 1벌을 완성하였다.
그 뒤 궁중용 4벌, 민간 열람용 3
벌이 만들어졌다.

북아메리카

대평양

대서양

남아메리카

건륭제

미국의 초대 대통령 워싱턴(1732~1799년)
미국의 독립을 위해 싸워, '미국 건국의 아버지' 라고 불린다.
영국과의 독립전쟁에서 미국이 승리하는 데 큰 역할을 하였다.
1789년에 신생 독립국 미국의 초대 대통령에 당선된 뒤, 미국
의 정치와 재정을 정비, 나라의 토대를 튼튼히 하였다.
1796년 대통령에 세 번째 당선되었으나, 너무 오래 대통령직에
머물러 있는 것은 미국의 민주주의 전통을 확립하는 데 좋지 않
다는 이유로 사임했다.

# 〈세계사 이야기〉 관련 홈페이지

골말의 역사 교실 http://history.new21.net

공자를 찾아서 http://nagizibe.com.ne.kr

김제훈의 역사가 좋아요 www.historylove.com

대영 박물관 www.thebritishmuseum.ac.uk

독일 정보 www.nobelmann.com

러시아 우주 과학회 www.rssi.ru

루브르 박물관 www.louvre.fr

링컨(백악관) www.whitehouse.gov/history/presidents/al16.html

메트로폴리탄 미술관 www.metmuseum.org

버지니아 대학 도서관 http://etext.virginia.edu/jefferson

사이버 스쿨버스 www.cyberschoolbus.un.org

서양 미술 사학회 www.awah.or.kr

소창 박물관 www. sochang.net

영국의 왕실 공식 사이트 www.royal.gov.uk

유엔(UN) www.un.org

이슬람 소개 www.islamkorea.com

인도의 독립 운동가 간디를 소개하는 사이트 http://mkgandhi.org

정재천의 함께하는 사회 교실 http://yuksa.new21.org

제1차 세계 대전의 원인, 주요 전투, 관련 인물, 연대표 수록

http://firstworldwar.com

주한 독일 문화원 www.gothe.de/seoul

주한 중국 문화원 www.cccseoul.org

주한 프랑스 문화원 www.france.co.kr

중국의 어제와 오늘 www.chinabang.co.kr

차석찬의 역사 창고 http://mtcha.com.ne.kr

한국 서양사 학회 http://www.westernhistory.or.kr

한국 셰익스피어 학회 www.sakorea.or.kr

한국 프랑스 사학회 http://frenchhistory.co.kr